Claire Mira
@ateliermirabelle

MON CARNET CRÉATIF
au fil des saisons

• JOURNALING, DIY, AQUARELLE ET COLORIAGE •

DESSAIN & TOLRA

HELLO,

Bienvenue dans votre nouveau carnet créatif !

Je suis Claire, aquarelliste, grande fan de déco et d'activités créatives. Mais ce que j'aime par-dessus tout, c'est vivre au rythme des saisons et des petits bonheurs du quotidien.

J'ai eu la chance de pouvoir créer un carnet qui me ressemble, pensé comme une balade créative au fil des saisons, une bulle de douceur.

Vous y trouverez cinq chapitres : un chapitre par saison ainsi qu'un chapitre dédié à Noël. Entre planches à peindre, DIYs, idées déco et journaling : je vous invite à prendre du temps pour vous, à profiter des petits bonheurs et à vous détendre.

Vous pouvez suivre ce carnet dans l'ordre ou choisir directement les moments créatifs au gré de vos envies.

Je suis très heureuse de partager avec vous ce petit bout de moi, et j'espère que vous passerez une belle année créative aux côtés de ce carnet.

À bientôt !

Claire

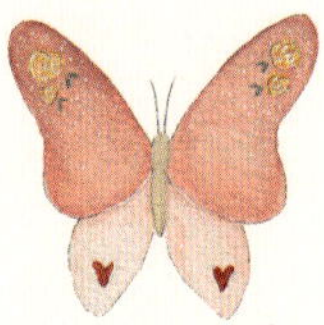

Ce carnet appartient à

....

....

Le matériel *indispensable*

Voici quelques-uns de mes indispensables pour créer le plus joli des carnets.

Une palette d'aquarelle

Je vous conseille une palette vide, que vous pourrez remplir au fur et à mesure avec des godets de couleur que vous aimez vraiment et dont vous vous servez souvent.

Quelques pinceaux

Pas besoin d'une grande quantité de pinceaux. De mon côté, j'utilise la plupart du temps un pinceau moyen, taille 10, et un pinceau très fin pour tous les détails.

Les crayons et stylos

Un crayon à papier (même si chez moi, on dit « crayon de bois ») pour les tracés.

Les feutres Pigma Micron® : je m'en sers pour tous les encrages de mes dessins. J'aime beaucoup utiliser le 005 car il est très fin. Petit conseil, je n'appuie presque pas sur la mine pour que le trait soit le plus fin possible.

Les POSCA® blancs pour ajouter des touches de lumières ou des finitions à vos dessins.

Les crayons de couleur : j'utilise des crayons de couleur aquarellables pour créer des ombres ou ajouter quelques détails comme des fleurs, de la verdure ou des motifs.

La décoration

Du joli ***masking tape*** pour coller vos photos ou divers souvenirs que vous pourrez récolter au fil de votre année.

Des ***papiers à motifs*** pour créer des fonds sur les pages de votre carnet.

Des ***autocollants*** : de mon côté, je suis une grande collectionneuse, j'ai une boîte remplie de stickers en tous genres !

Les petits trésors de votre quotidien

Gardez vos tickets de métro, vos tickets de caisse, places de concerts, étiquettes de vêtements, imprimez vos photos, etc. Collez tout ça sur les pages de votre carnet. Vous verrez, ça donnera beaucoup de personnalité à vos pages.

Découpez vos souvenirs avec une bonne paire de ***ciseaux***.

Pour coller tous vos souvenirs, vous aurez besoin d'une ***colle***, soit en bâton soit en roller (très pratique).

Une ***règle***, indispensable pour créer des bordures de page qui structurent si bien un carnet.

Une jolie ***pince*** pour tenir les pages de votre carnet quand vous faites votre journaling.

CHAPITRE 1

L'Hiver

Avec son manque de luminosité et son froid, l'hiver est une saison que j'avais pour habitude de bouder, mais depuis quelques années j'ai décidé de me créer des petits bonheurs pour mieux vivre cette période. C'est le moment parfait pour prendre du temps pour soi, pour renouer avec sa créativité et pour l'introspection.

L'HIVER
ouvert

Mon vision board

Je suis une personne qui aime les rituels et s'il y en a bien un auquel je me plie en chaque début du mois de janvier, c'est la création de mon vision board.

Après avoir allumé une bougie et m'être servi un bon thé bien chaud, je dresse une liste d'intentions que je classe par catégorie : famille, travail, créativité, sport, etc.

Je sélectionne ensuite des images, des photos, des stickers, des papiers de scrapbooking… en fonction de ces différentes catégories. Je peins aussi quelques éléments à l'aquarelle et je crée mon vision board comme LE moodboard qui va représenter mon année !

Sur la page de droite, créez votre propre vision board pour cette année.

Ma lettre pour la "Moi" de l'année prochaine

En chaque début d'année, accompagnée d'un bon thé,
de mon plus beau stylo, de papier et d'une enveloppe,
j'aime prendre le temps de m'écrire une lettre
à la "Moi" du futur. Lettre que je me fais un plaisir de relire
un an plus tard. C'est un petit rituel que j'adore !

Dans cette lettre, je me demande :

OÙ EST-CE QUE J'EN SUIS ACTUELLEMENT ? QUELLES SONT LES LEÇONS
QUE J'AI APPRISES RÉCEMMENT ? DE QUOI SUIS-JE FIÈRE ?
QUELLES SONT MES PRÉOCCUPATIONS ? QUELS SONT LES PROJETS
QUE J'AI ENVIE D'ACCOMPLIR ? QU'EST-CE QUE JE ME SOUHAITE,
QUELS SONT MES VŒUX POUR CETTE NOUVELLE ANNÉE ?

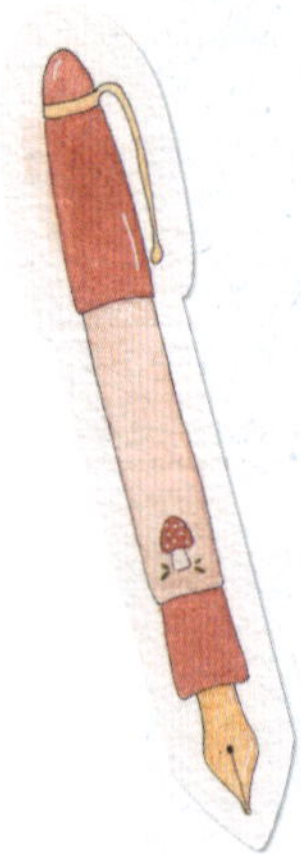

Le but est d'avoir une lettre qui me ressemble
et que je prendrai plaisir à relire.

Et pour la rendre plus jolie, j'y ajoute parfois
quelques stickers ou quelques dessins pour
lui donner des airs de papier à lettre.

Pour la garder précieusement,
collez votre lettre ici :

Ma bucket list
d'hiver

J'aime commencer chaque saison en réalisant une bucket list, une liste des choses que j'ai envie de faire à cette période de l'année.

Ça me permet d'apprécier toutes les saisons, même celles que j'aime un peu moins comme l'hiver.

Dans ma bucket list d'hiver, il y a par exemple : organiser une soirée spa, commencer une nouvelle activité créative, lire de la fantasy, faire mon vision board...

À votre tour de créer votre bucket list ! Sur la page de droite, listez les choses que vous avez envie de faire cette saison.

Mon moodboard *d'hiver*

Sur ces pages, réalisez votre moodboard :
collez des images, des papiers,
dessinez, ajoutez de la couleur...
Tout ce qui vous inspire pour cette saison.

À colorier

THÉ & FLOCONS
ouvert

À colorier

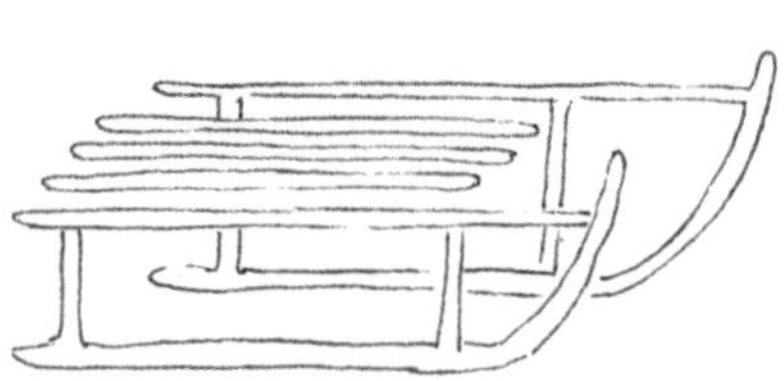

POUR S'INSPIRER

Une décoration *cosy pour l'hiver*

Si vous me connaissez, vous savez que je suis une grande fan de décoration ! Quel plaisir pour moi de décorer mon intérieur en fonction des saisons, j'aime faire évoluer les objets qui m'entourent. En hiver, j'aime…

Ajouter des points de lumières un peu partout dans mon appartement. J'allume des bougies aussi souvent que possible et je laisse les guirlandes de Noël jusqu'au mois de janvier, voire février, pour une ambiance chaleureuse !

J'ADORE CES LUMIÈRES COSY QUI DONNENT UN ASPECT TRÈS COCOONING… ON SE SENT BIEN AU CHAUD LES SOIRS D'HIVER

Ajouter un côté poétique à ma décoration, comme avec ce ciel étoilé très facile à réaliser. Un emporte-pièce en forme d'étoile, de l'argile, de la peinture dorée, des accroches, et vous avez une nouvelle déco céleste.

Me créer des petits coins tout cosy, avec des plaids et des coussins à matière. Le genre d'endroit parfait pour lire bien au chaud avec une bonne tasse de thé.

TOUTES CES PETITES TOUCHES DE DÉCORATION ET ASSOCIATION DE COULEURS QUI ME FONT ME SENTIR BIEN CHEZ MOI

DIY
Encadrer les illustrations de votre carnet

MATÉRIEL :

- UN CADRE
- UN PINCEAU FIN
- DE LA PEINTURE ACRYLIQUE
- UNE PALETTE (OPTIONNELLE)

1. Peignez le contour de votre cadre de la couleur de votre choix. Je conseille une couleur plutôt claire pour que les motifs ressortent bien !

2. Une fois le contour sec, peignez différents motifs sur le tour de votre cadre. Pour ma part, j'ai choisi des champignons, des lunes, des cœurs et des herbes, car ce sont mes motifs préférés (et ils sont aussi très faciles à réaliser !).

3. Glissez une belle illustration que vous pourrez changer en fonction des saisons. Vous pouvez également découper quelques illustrations à peindre de ce carnet pour les exposer dans votre cadre.

Marque-pages
à découper

INVITATION CRÉATIVE...

Découpez vos marque-pages,
peignez-les puis glissez-les
dans vos prochaines lectures !

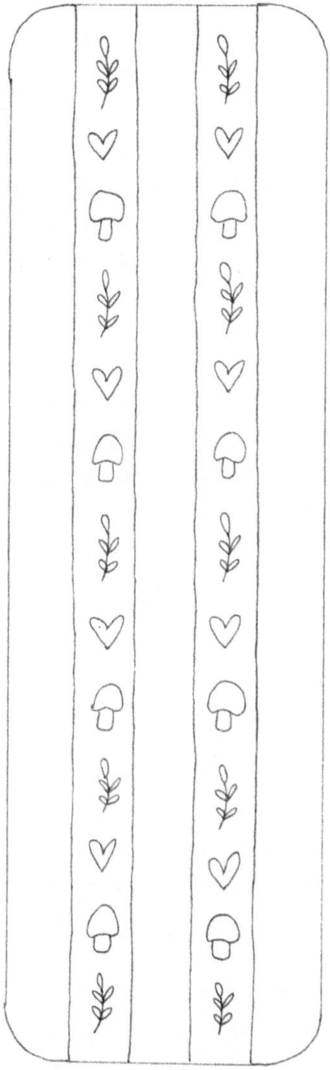

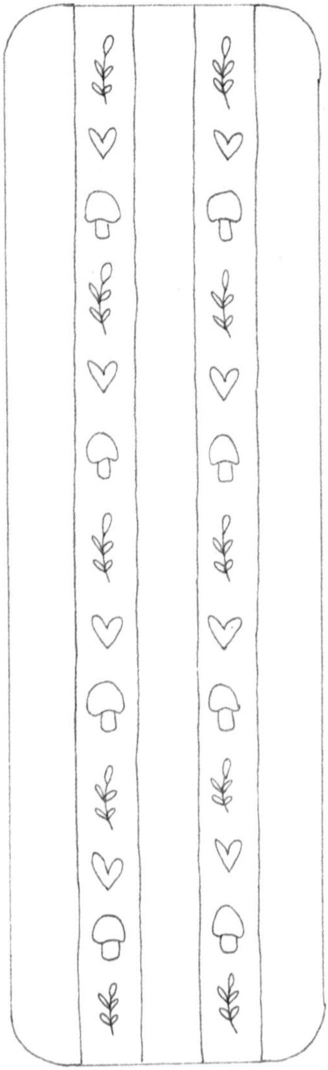

CHAPITRE 2

Le Printemps

Le soleil commence doucement à pointer
le bout de son nez, les jours rallongent,
la vie devient plus douce à ce moment de l'année.
J'en profite pour aller dehors un peu plus souvent,
planter quelques fleurs sur mon balcon,
faire mes semis, manger au soleil...
C'est une période de renouveau et pleine
de créativité !

LE PRINTEMPS
ouvert

Ma bucket list
de printemps

Quel bonheur de lister les petits choses
que j'ai envie de faire au printemps !

Pour ma part, je pense que ça sera :
pique-nique entre copines, peindre quelques
fleurs à l'aquarelle, décorer mon appartement
avec des couleurs pastel, lire des romances,
aménager mon balcon ou encore
peindre sur des pots en terre cuite.

*À votre tour de créer votre bucket list !
Sur la page de droite, vous pouvez lister
les choses que vous avez envie de faire
cette saison.*

Mon moodboard *de printemps*

Sur ces pages, réalisez votre moodboard :
collez des images, des papiers,
dessinez, ajoutez de la couleur…
Tout ce qui vous inspire pour cette saison.

L'herbier

J'aime garder des souvenirs fleuris de mon balcon, d'un pique-nique, d'une balade… Je fais sécher les fleurs entre les pages d'un livre. Quand elles sont prêtes, je les colle dans mon carnet en y indiquant le nom de la fleur, l'endroit où je l'ai trouvée et la date.

Fleur
à coller
ici

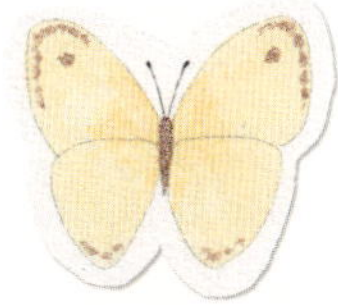

Fleur
à coller
ici

Fleur
à coller
ici

Légende

Nom de la fleur

Lieu de récolte

Date de récolte

DIY
La guirlande de fleurs

MATÉRIEL :

- DES PERLES À REPASSER
- DU PAPIER POUR PERLES À REPASSER
- UNE PLAQUE RONDE POUR PERLES À REPASSER
- 1 CORDE

1. Avec la plaque ronde et les perles à repasser, créez une fleur à partir de ce modèle.

2. Collez la fleur à l'aide du papier et d'un fer à repasser. Répétez ces deux étapes huit fois. N'hésitez pas à varier la couleur des fleurs.

3. Il ne vous reste plus qu'à enfiler les fleurs sur la corde et à accrocher votre guirlande dans votre décoration printanière !

POUR S'INSPIRER

La décoration *de printemps*

Avec l'arrivée du mois de mars et des beaux jours, j'aime ajouter quelques touches printanières à ma décoration.

Je choisis une belle palette de couleurs pastel avec beaucoup de rose et de vert bien évidemment !

Forcément, je mise tout sur les fleurs, une guirlande, un joli bouquet, des motifs fleuris sur mes coussins... Ça me plonge directement au cœur du printemps.

J'ajoute également quelques éléments pour Pâques, comme mon arbre que je décore avec des fleurs en feutrine, des œufs trouvés un peu partout ou récupérés de quand j'étais petite.

JE DISPOSE AUSSI QUELQUES ŒUFS DANS MA DÉCO, DONT CERTAINS QUE JE PEINS MOI-MÊME. UNE BELLE ACTIVITÉ CRÉATIVE À FAIRE ENTRE COPINES OU EN FAMILLE !

À colorier

graines

Étiquettes
pour semis

Suivi de vos semis

Semis	Date	Date levée	Floraison

Quelques étiquettes à découper
pour vos semis et à coller sur des petits
bâtons de bois :

À colorier

À colorier

CHEZ MIRABELLE
ouvert

À colorier

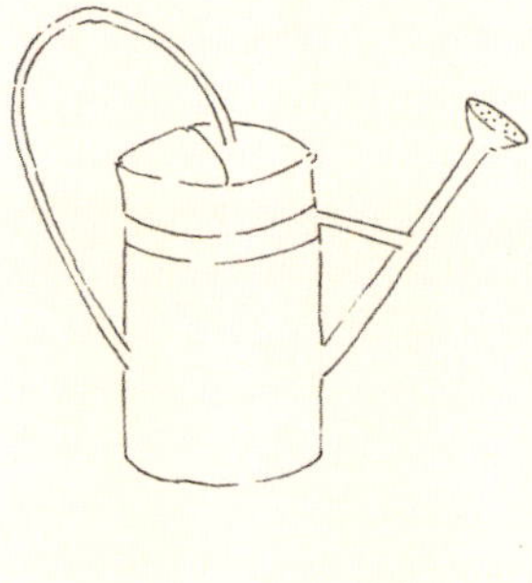

CHAPITRE 3

L'Été

L'arrivée du mois de juin me donne envie de passer plus de temps dehors et surtout de ralentir. Pour moi, l'été est synonyme de vacances.

J'aime prendre le temps de manger dehors le soir, de lire sur mon balcon, de tester de nouvelles activités créatives... J'ai d'ailleurs très envie d'apprendre le crochet !

C'est aussi une période à laquelle j'adore programmer de longs week-ends et mes vacances. J'adore ressortir mon appareil photo et faire le plein d'inspiration pour le reste de l'année. L'été est pour moi une petite parenthèse de douceur.

L'ETE
ouvert

Ma bucket list
d'été

Même si j'adore les saisons plus froides pour
leur côté cosy, j'ai quand même un petit faible
pour cette saison ensoleillée.

Je ne manque jamais d'idées pour ma bucket list.
Les choses que j'ai envie de faire à cette période
sont généralement liées à mes souvenirs d'enfance,
comme regarder les étoiles, manger une pizza
sur la plage face à un coucher de soleil,
faire du snorkeling avec mon papa et mon frère,
aller au marché avec ma maman, lire sur la plage…

*À votre tour de lister les choses
que vous avez envie de faire apparaître
sur votre bucket list estivale !*

Mon moodboard *d'été*

Sur ces pages, réalisez votre moodboard :
collez des images, des papiers,
dessinez, ajoutez de la couleur...
Tout ce qui vous inspire pour cette saison.

Armoire à souvenirs *de vacances*

Une armoire pour garder en mémoire tous vos souvenirs d'été.

Ajoutez à ce dessin des petits éléments qui vous rappelleront votre été.

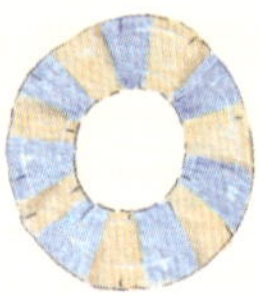

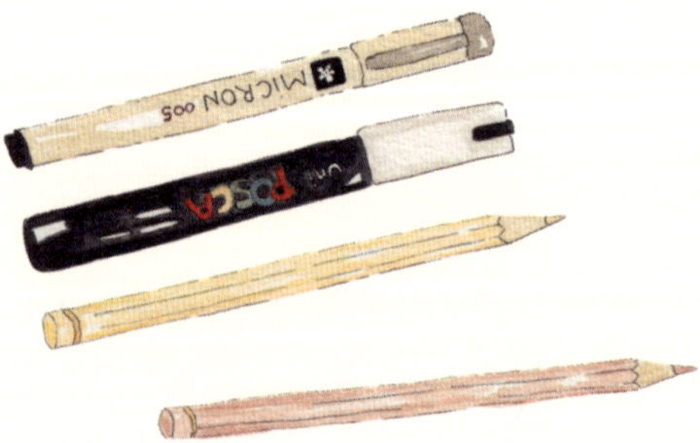

Photos de vacances

Encadrez ici vos plus belles photos de vacances.

À colorier

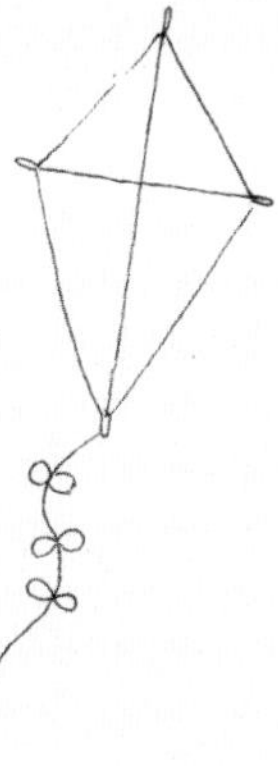

Coucher
de soleil

Une page pour peindre votre plus beau
coucher de soleil des vacances.

Ma palette idéale pour
un coucher de soleil sur la mer

Cartes postales *à découper*

Des cartes postales à peindre
et à découper pour envoyer
un petit souvenir de vos vacances
à votre famille ou vos amis.

Bonnes vacances!

À colorier

DIY
Les vide-poches en coquillages

MATÉRIEL :

- DES COQUILLAGES
- DE LA PEINTURE ACRYLIQUE
- DES PINCEAUX
- DU VERNIS

1. Peignez le fond de vos coquillages avec une couleur unie. J'ai choisi des couleurs pastel pour plus de douceur.

2. Ajoutez quelques motifs fleuris.

3. Peignez les bords de vos coquillages en doré pour une jolie finition. Vernissez vos coquillages joliment décorés pour les protéger. Vous n'avez plus qu'à y déposer vos bagues, pinces ou tout autre petit trésor !

CHAPITRE 4

L'Automne

Entre l'automne et moi, ça n'a pas toujours été l'amour fou, mais après une césure universitaire aux États-Unis d'août à novembre, je suis devenue fan de cette saison !

J'adore profiter des petits bonheurs d'automne, comme aller chercher ma citrouille d'Halloween à la ferme, lire des livres qui font (un peu) peur, décorer mon appartement pour l'automne et Halloween, re-re-re-re-regarder tous les *Harry Potter*.

C'est une saison généralement chargée, avec beaucoup de travail, beaucoup de sorties, beaucoup de projets… Entre toutes ces “obligations”, j'aime prendre un peu de temps pour moi, loin de l'agitation, pour créer : peindre, faire des activités créatives, creuser ma citrouille…

L' AUTOMNE
ouvert

Ma bucket list
d'automne

D'année en année, mes bucket lists d'automne se ressemblent beaucoup. J'adore refaire les mêmes choses, qui sont devenues mes petites traditions. Comme tester une nouvelle recette à base de courge, lire des livres d'automne ou des cosy mysteries, organiser une après-midi avec des copines pour regarder le premier épisode de la série *Gilmore Girls*, creuser et peindre ma citrouille d'Halloween… La seule chose qui change généralement, c'est ma liste de DIYs et d'aquarelles que j'ai envie de faire à cette saison !

À votre tour de lister les choses que vous avez envie de faire apparaître sur votre bucket list !

Mon moodboard *d'automne*

Sur ces pages, réalisez votre moodboard :
collez des images, des papiers,
dessinez, ajoutez de la couleur…
Tout ce qui vous inspire pour cette saison.

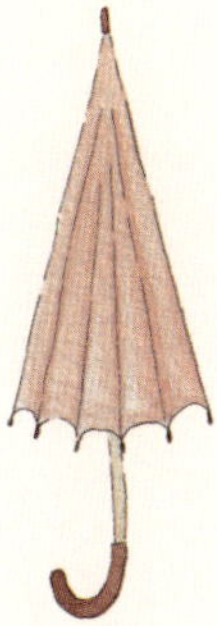

Marque-pages
à découper

Petite idée pour personnaliser votre marque-page :
enfiler quelques perles pour le décorer !

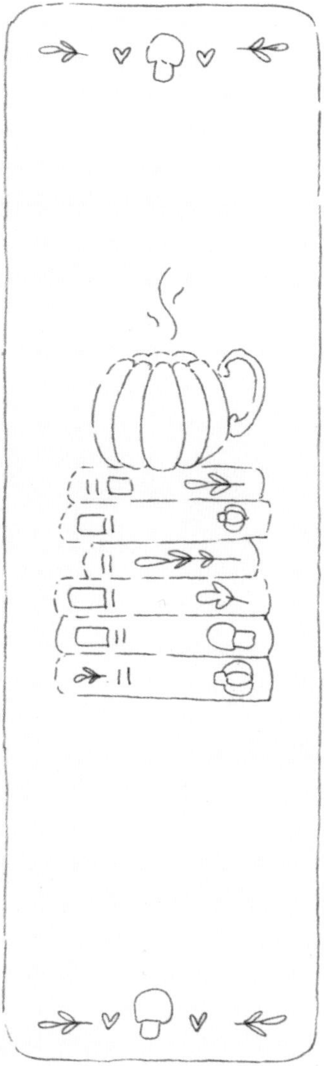

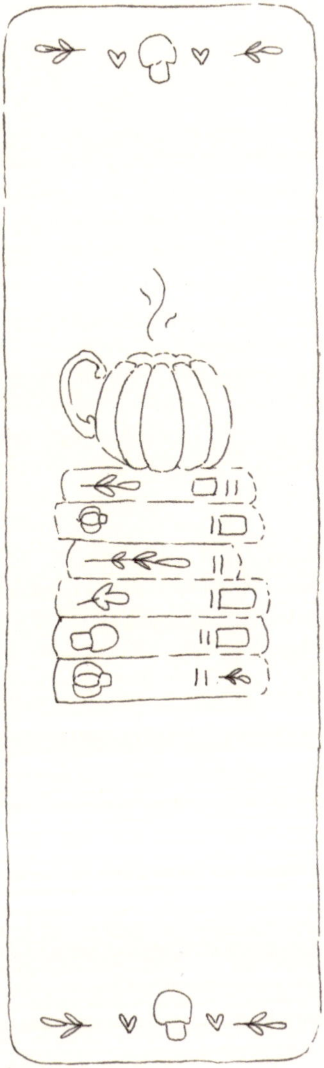

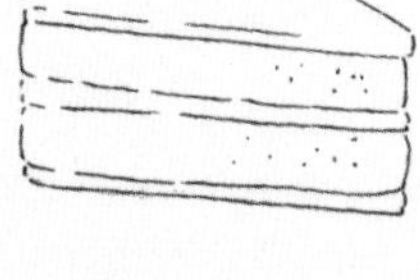

POUR S'INSPIRER

La décoration d'automne

S'il y a bien une chose qui m'aide à me sentir bien à cette période, c'est la déco d'automne ! Quel bonheur de rentrer chez soi et de se sentir comme dans un cocon. C'est vraiment LA chose qui m'aide à ne pas ressentir le manque de luminosité et évacuer le stress.

Avec les jours qui commencent à raccourcir j'aime créer une ambiance douce et lumineuse avec quelques bougies et guirlandes LED qui ajoutent tout de suite un petit côté féérique. Ce n'est pas pour rien que les anglophones appellent ces guirlandes les *fairy lights*.

Je ressors ma collection
de mugs d'automne...

... installe mon arbre d'automne....

... et expose fièrement ma
citrouille sur mon buffet,
pour la touche finale !

À colorier

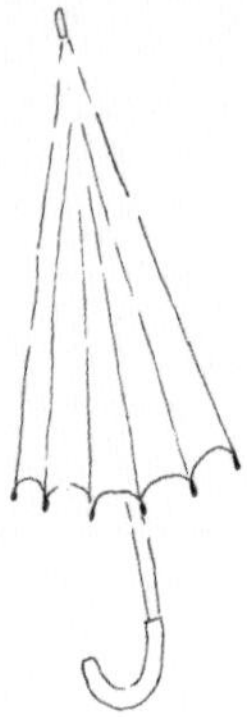

L'herbier

Pour garder un joli souvenir
d'une balade en forêt
ou d'un week-end,
j'aime ramasser quelques
feuilles qui me rappelleront
ces bons moments.
J'indique le nom de l'arbre
d'où provient la feuille,
le lieu et la date à laquelle
je l'ai trouvée.

Feuille
à coller
ici

Feuille
à coller
ici

Feuille
à coller
ici

Légende

Nom de l'arbre

Lieu de cueillette

Date de cueillette

DIY
La guirlande de fantômes

MATÉRIEL :

- DE L'ARGILE AUTODURCISSANTE
- UN COUTEAU
- UN ROULEAU À PÂTISSERIE
- DES FEUTRES
- UNE CORDE
- UNE PAIRE DE CISEAUX
- UN BOL D'EAU
- UNE ÉPONGE

1. Étalez l'argile avec le rouleau à pâtisserie.

2. Découpez les fantômes à l'aide du couteau et du patron (voir page suivante).

3. Sur chaque fantôme, faites un trou des deux côtés pour laisser passer la corde. Lissez vos petits fantômes à l'aide d'une éponge humide et laissez sécher 48h.

4. Une fois les fantômes secs, vous pouvez poncer rapidement les dernières imperfections et ajouter quelques détails au feutre.

5. Enfilez les fantômes sur la corde et accrochez votre guirlande !

*Le patron à découper pour créer
votre gang de fantômes*

À colorier

HISTOIRE DE CITROUILLES

À colorier

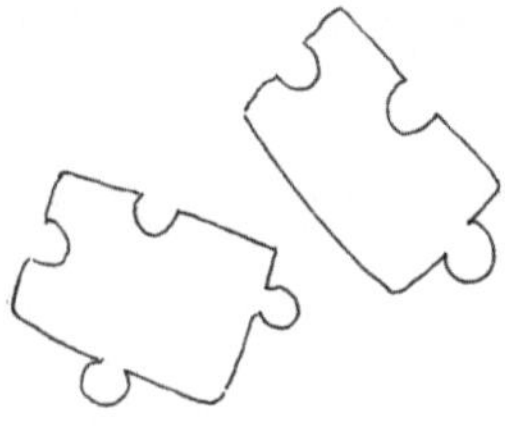

CHAPITRE 5

Noël

Et voilà, nous arrivons déjà au dernier chapitre : Noël.
Une de mes périodes préférées de l'année !

J'adore me confectionner un véritable petit cocon, décorer mon sapin, passer du temps entre amis et en famille, porter mes plus belles chaussettes de Noël, regarder des téléfilms tout en emballant mes cadeaux… Je pense que ce n'est pas pour rien que mes copines m'appellent la mère Noël !

À travers ces pages, je vous invite à prendre du temps pour vous et à profiter des petits bonheurs simples et magiques du mois de décembre.

NOËL
ouvert
Mail

Ma bucket list
de Noël

Ah, s'il y a bien une bucket list que
J'A-DO-RE faire, c'est bien celle de Noël !
C'est vraiment l'une de mes périodes préférées,
pendant laquelle ma créativité est en ébullition.

Je ne manque jamais d'idées pour cette liste,
voici quelques exemples de ce que j'aime faire
au mois de décembre (voire novembre...) :
préparer des sablés, regarder des téléfilms,
lire des romances de Noël, installer le sapin,
faire une maison en pain d'épices avec les copines...

À votre tour de créer votre bucket list !
Sur la page de droite, listez les choses
que vous avez envie de faire cette saison.

Mon moodboard *de Noël*

Sur ces pages, réalisez votre moodboard :
collez des images, des papiers,
dessinez, ajoutez de la couleur...
Tout ce qui vous inspire pour cette saison.

POUR S'INSPIRER

La décoration de Noël

Je suis une grande fan de déco, alors autant vous dire que pour ma décoration de Noël, je me donne à fond ! De mon côté, je préfère les couleurs traditionnelles : le rouge et le vert, qui me rappellent mon enfance.

Et depuis deux ou trois ans, j'ajoute des petites touches de rose pour un côté un peu plus girly. Je construis toute ma déco autour de ces couleurs.

J'aime beaucoup jouer avec les textiles, en changeant les coussins, les draps ou encore les torchons.

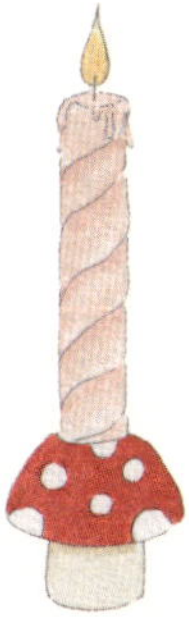

Pour moi, les emballages cadeaux sont très importants et font partie intégrante de la décoration. J'aime choisir de beaux papiers, de beaux rubans et de belles étiquettes pour ensuite installer mes jolis cadeaux autour du sapin.

POUR UNE AMBIANCE 100 % NOËL, JE DISPOSE UN PEU PARTOUT DANS MON APPARTEMENT DES ÉLÉMENTS QUI ÉVOQUENT NOËL, COMME DES SAPINS, UN CASSE-NOISETTE EN BOIS, DES MAISONS EN CÉRAMIQUE...

POUR S'INSPIRER

La décoration *du sapin*

Chaque année, je consacre pratiquement une journée entière à l'installation de mon sapin. Je me prépare un bon thé de Noël (bien évidemment), je lance ma meilleure playlist ou un téléfilm, le tout en pyjama blanc et rouge. Je sors mes boîtes de décorations, que je prends plaisir à redécouvrir chaque année, et je commence la décoration de mon sapin.

Premièrement, les guirlandes
lumineuses que j'enroule
autour de mon sapin.

J'accroche ensuite mes éléments
décoratifs les plus neutres
de manière harmonieuse,
afin que les couleurs soient
bien réparties.

Et j'ajoute au fur et à mesure
les ornements un peu plus originaux
que je ramène souvent de voyage !

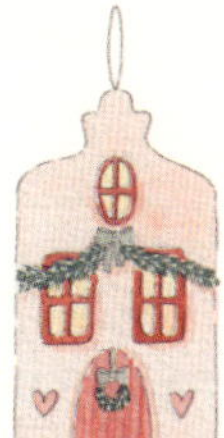

Les suspensions
pour le sapin

Les décorations que l'on fabrique de nos dix doigts sont celles qui ont le plus de valeur.

Je vous ai concocté quelques suspensions à découper, à peindre et à accrocher dans votre sapin !

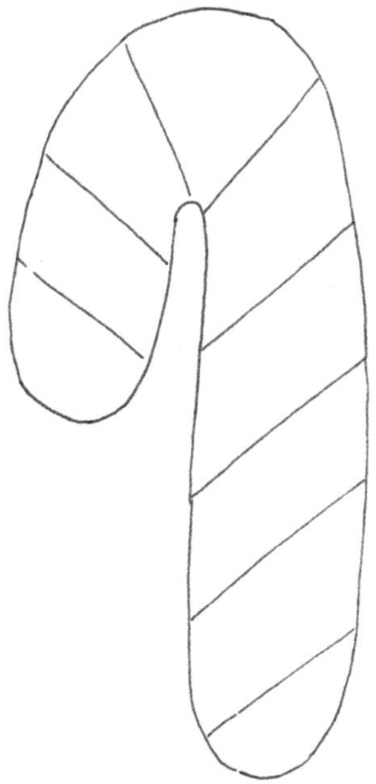

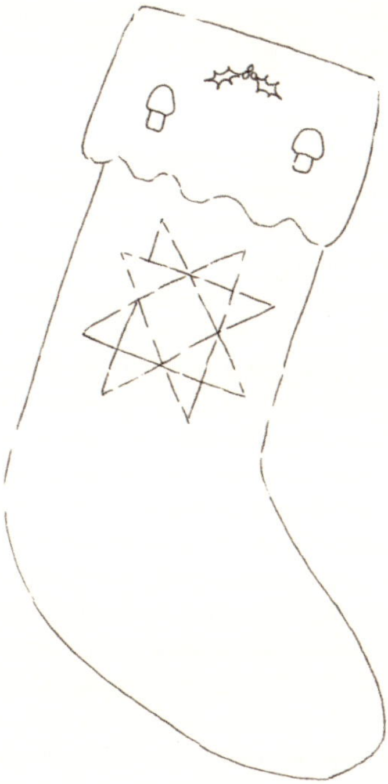

À colorier

Cartes
de vœux

INVITATION CRÉATIVE...

Découpez vos cartes de vœux,
peignez-les puis offrez-les à vos proches !

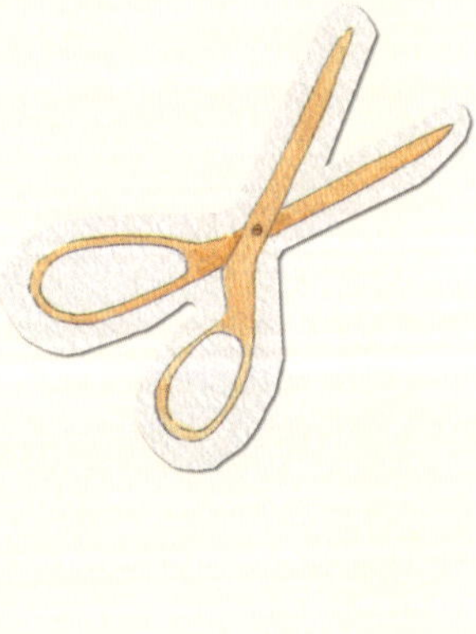

Joyeux Noël

Joyeux Noël

Ma wishlist de cadeaux

Même à l'âge adulte, je trouve qu'il est
très important de faire sa lettre au père Noël !

Remplissez votre plus belle de tasse de Noël
de chocolat chaud, installez-vous confortablement
et prenez le temps de lister tous les cadeaux
que vous avez envie de recevoir pour Noël.

PS : J'ESPÈRE QUE LE PÈRE NOËL
SERA GÉNÉREUX AVEC VOUS CETTE ANNÉE !

Idées cadeaux
pour les proches

Tous les ans, je liste mes idées cadeaux
pour mes proches.

Voici un petit pense-bête pour trouver
le cadeau qui plaira à coup sûr !

Étiquettes *cadeaux*

Des étiquettes à peindre et à découper
pour embellir vos papiers cadeaux.

Pour

....

De la part de

....

Pour

....

De la part de

....

Pour

....

De la part de

....

Pour

....

De la part de

....

Pour

....

De la part de

....

Pour

....

De la part de

....

Pour

....

De la part de

....

Pour

....

De la part de

....

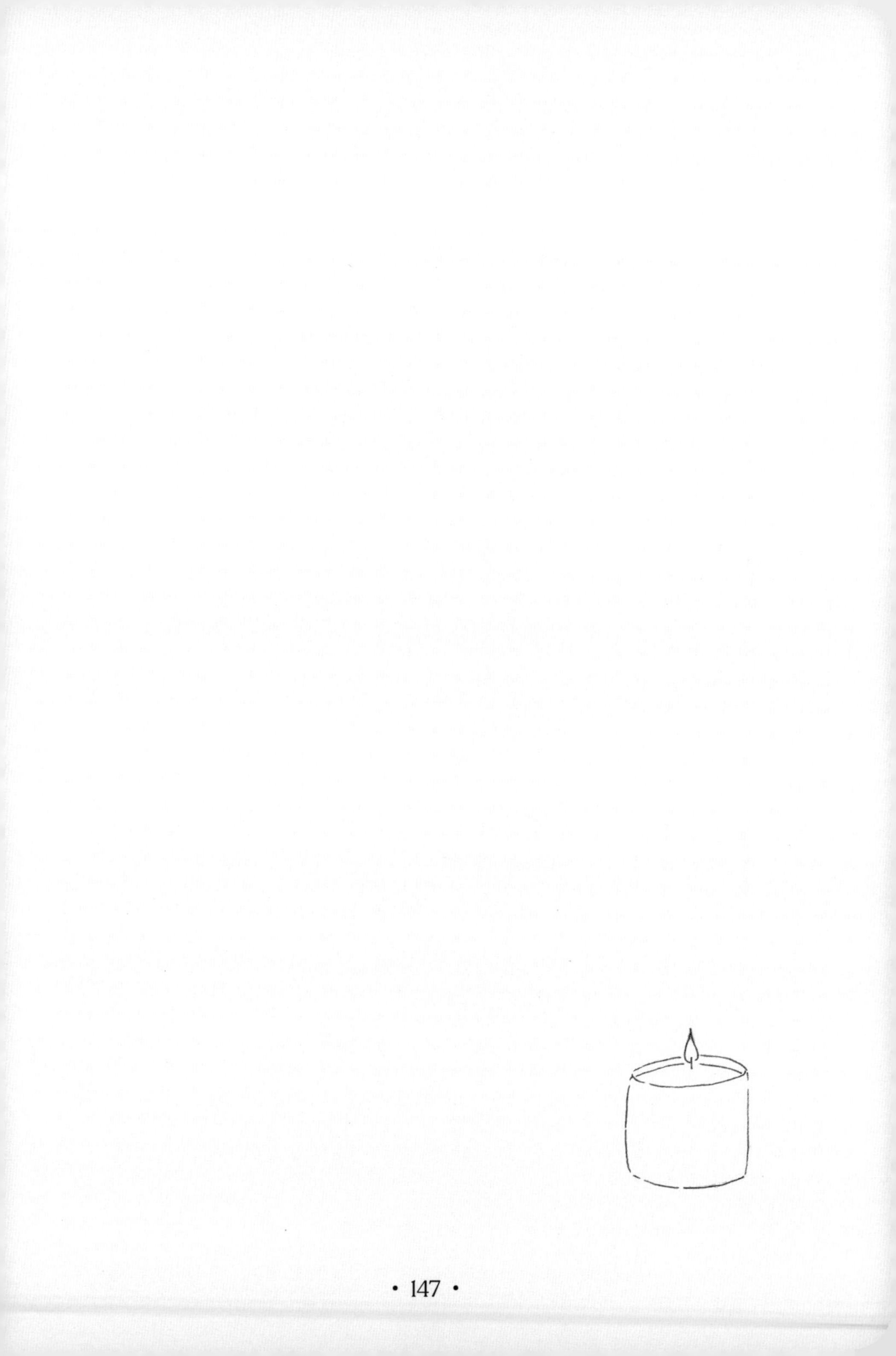

Photos souvenirs *de Noël*

À colorier

À colorier

Boulangerie
PATINOIRE

À colorier

NOËL
ouvert

Remerciements

Merci infiniment d'avoir choisi ce carnet,
j'espère que vous avez passé une belle
année créative à ses côtés !

Merci à ma très chère communauté Instagram
pour les petits mots du quotidien,

Merci à Dessain & Tolra, qui m'a laissée totalement
libre dans la création de ce carnet, et sans qui
je n'aurais jamais osé rêver d'un tel projet,

Merci à mes copines d'amour pour tous
nos échanges et leur enthousiasme à toutes
les étapes de création de ce carnet,

Merci à mes parents et mon frère de m'avoir
soutenue, avoir vu la fierté dans vos yeux
m'a donné confiance pour avancer,

Bien évidemment merci à mon amoureux
qui était là dans les coups de mou du quotidien
et qui a cru en moi,

Et enfin merci à ma mamie dans les étoiles
de m'avoir transmis la passion du dessin.

Direction de la publication : Isabelle Jeuge-Maynart et Ghislaine Stora

Direction éditoriale : Émilie Franc et Julie Martin

Direction artistique : Géraldine Lamy

Édition : Loriane Pak-Bishop

Couverture et conception graphique : Claire Simonet

Mise en pages : Camille de Montmorillon

Fabrication : Laetitia Messadene

Pour nous contacter : livres-larousse@larousse.fr

Fabriqué et importé par les Éditions Larousse
21, rue du Montparnasse
75006 Paris
France

ISBN : 978-2-29-501688-1
EAN : 9782295016881

Imprimé en RPC par TPN
Dépôt légal : octobre 2025
339716 / 01 – 11058763 – juillet 2025

L'Hiver

L'Hiver

Le Printemps

Le Printemps

L'Été

L'Été

L'Automne

L'Automne

Noël

Noël